Domaine de Maizerets

Texte de Frédéric Smith
Photographies de Louise Tanguay

LES ÉDITIONS DE
L'HOMME

VILLE DE
QUÉBEC

ASSOCIATION DES
JARDINS
DU QUÉBEC

COMMISSION DE
LA CAPITALE
NATIONALE

Québec

Frédéric Smith remercie Hélène Jean, Christian Sommeillier et Éric Turcotte pour leur soutien à la réalisation de ce guide, ainsi que René Pronovost, du Service de l'environnement de la Ville de Québec, sans qui il aurait été impossible de rendre justice aux magnifiques aménagements de Maizerets.

Photographie de la page couverture : Louise Tanguay
Numérisation : Mélanie Sabourin

Catalogage avant publication de Bibliothèque et Archives Canada

Smith, Frédéric
    Domaine de Maizerets (Les guides des jardins du Québec)
    Publié en collaboration avec : Commission de la capitale nationale.
    1. Domaine de Maizerets (Québec, Québec). 2. Jardins – Québec (Province) –
    Québec. 3. Domaine de Maizerets (Québec, Québec) – Ouvrages illustrés.
    I. Tanguay, Louise. II. Commission de la Capitale nationale du Québec.
    III. Titre. IV. Collection : Guides des jardins du Québec.

SB466.C33D63 2005   712'.5'09714471   C2005-941142-2

DISTRIBUTEURS EXCLUSIFS :

• Pour le Canada
et les États-Unis :
MESSAGERIES ADP*
955, rue Amherst
Montréal, Québec
H2L 3K4
Tél. : (514) 523-1182
Télécopieur : (450) 674-6237
* Filiale de Sogides ltée

• Pour la France et les autres pays :
INTERFORUM
Immeuble Paryseine, 3, Allée de la Seine
94854 Ivry Cedex
Tél.: 01 49 59 11 89/91
Télécopieur : 01 49 59 11 96
Commandes : Tél.: 02 38 32 71 00
              Télécopieur : 02 38 32 71 28

• Pour la Suisse :
INTERFORUM SUISSE
Case postale 69 - 1701 Fribourg - Suisse
Tél. : (41-26) 460-80-60
Télécopieur : (41-26) 460-80-68
Internet : www.havas.ch
Email : office@havas.ch
DISTRIBUTION : OLF SA
Z.I. 3, Corminbœuf
Case postale 1061
CH-1701 FRIBOURG
Commandes : Tél. : (41-26) 467-53-33
           Télécopieur : (41-26) 467-54-66
           Email : commande@ofl.ch

• Pour la Belgique et le Luxembourg :
INTERFORUM BENELUX
Boulevard de l'Europe 117
B-1301 Wavre
Tél. : (010) 42-03-20
Télécopieur : (010) 41-20-24
http ://www.vups.be
Email : info@vups.be

06-05

© 2005, Les Éditions de l'Homme,
une division du groupe Sogides

Tous droits réservés

Dépôt légal : 2ᵉ trimestre 2005
Bibliothèque nationale du Québec

ISBN 2-7619-2186-0

Gouvernement du Québec – Programme de crédit d'impôt pour l'édition de livres – Gestion SODEC – www.sodec.gouv.qc.ca

L'Éditeur bénéficie du soutien de la Société de développement des entreprises culturelles du Québec pour son programme d'édition.

Le Conseil des Arts du Canada
The Canada Council for the Arts

Nous remercions le Conseil des Arts du Canada de l'aide accordée à notre programme de publication.

Nous reconnaissons l'aide financière du gouvernement du Canada par l'entremise du Programme d'aide au développement de l'industrie de l'édition (PADIÉ) pour nos activités d'édition.

Table des matières

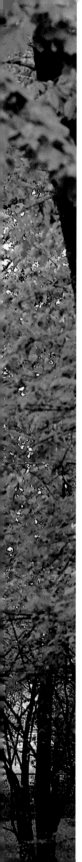

Introduction

M aizerets, ou le domaine de la Canardière. Peu d'établissements ont su conserver la même vocation au fil des siècles comme cet auguste endroit situé au nord de la rivière Saint-Charles et du bassin de Québec. Depuis 1705, combien de jeunes élèves se sont joyeusement éclaboussés autour de l'anneau d'eau de Maizerets ou encore dans les eaux du Saint-Laurent qui le borde. Combien ont découvert une passion pour les sciences de la nature en observant sa faune et sa flore, suspendus aux lèvres des Messieurs du Séminaire qui faisaient leur leçon, même par jour de congé.

Lorsque je me suis penché pour la première fois sur l'histoire de ce domaine, prochain sur ma liste après avoir fait de même pour Cataraqui et le Bois-de-Coulonge, c'est cette continuité à travers les siècles qui m'a frappé en premier lieu. Une continuité qui, me pris-je à penser, voilait peut-être une histoire monotone et peu intéressante. Après tout, que peut-on raconter d'un site qui fut aux mains du même propriétaire, le Séminaire de Québec, pendant près de trois siècles, sans qu'il en changeât vraiment la vocation ?

Puis, en fouillant un peu, on constate que Maizerets prit part, de près ou de loin, à plusieurs événements importants de l'histoire de la ville de Québec, puisqu'il constituait une position stratégique. Phips y tenta un débarquement. Wolfe également. Les Américains s'en emparèrent en 1775, bombardant Québec depuis cette position. Un seul de ces événements aurait pu sonner le glas du domaine de la Canardière, n'eût été l'obstination

◁ *Allée de peupliers deltoïdes centenaires.*

◁ *Pages précédentes : Maison Maizerets vue de l'île Saint-Hyacinthe.*

des Messieurs du Séminaire à lui conserver non seulement sa vocation, mais aussi une architecture typi-
quement française qui donne, encore aujourd'hui, tant
de cachet à ce parc urbain. Que Maizerets soit demeuré
le même malgré ces guerres et ces conquêtes relève finalement plus de l'exploit que d'une douce tranquillité
qui n'aurait jamais été inquiétée.

Un semblable exploit mérite d'être relaté en première
partie de ce guide historique et horticole, avant de découvrir le site tel qu'il est aujourd'hui grâce au travail de ces
artisans de l'ombre qui perpétuent son existence et le
rendent accessible au public. Propriété de la Commission
de la capitale nationale du Québec depuis le 3 décembre
2002, le domaine de Maizerets est géré par la Ville de
Québec depuis que celle-ci l'a acquis, en 1979. La seconde
partie de cet ouvrage rend hommage aux efforts déployés
par la Ville de Québec pour conserver au domaine tout son
lustre d'antan.

▽ *Le domaine de
Maizerets.*

▷ *Pont enjambant
l'étang de
forme elliptique.*

FRÉDÉRIC SMITH,
historien

1

UN PEU D'HISTOIRE

L'éveil de la Nouvelle-France

En 1608, Pierre Dugua de Mons convainc Henri IV, roi de France, de la nécessité de poursuivre les efforts de colonisation au pays du Saint-Laurent. Le célèbre explorateur embarque à bord du *Don-de-Dieu*, à la tête d'un groupe d'une trentaine d'hommes qui réaliseront la première fondation permanente en Nouvelle-France. Champlain a déjà le site de Québec en tête. Son promontoire assurera une défense naturelle contre les invasions et l'étroitesse du fleuve à cette hauteur permettra de contrôler le trafic maritime.

Le groupe touche terre en juillet. Il est décidé que les premiers bâtiments seront construits au bas de la falaise. On défriche et on creuse. L'*Abitation* de Québec est née. À l'enthousiasme soulevé par la colonisation d'un nouveau continent quasi inexploré succède rapidement la crainte d'un premier hiver au Canada. Et pour cause. De la trentaine de colons qui hivernent à l'*Abitation*, 17 succombent au scorbut ou à la dysenterie.

On s'échange bientôt les monopoles de traite, jusqu'à la création de la Compagnie du Canada, premier regroupement de marchands qui apportera une certaine stabilité. Pour Champlain, il est désormais temps de convertir les « Sauvages ». Les récollets acceptent l'invitation de Champlain. Les premiers missionnaires arrivent à Québec le 2 juin 1615. La tâche est colossale, de sorte que les jésuites se joignent aux récollets dix ans plus tard.

Samuel de Champlain est confirmé dans ses fonctions en 1619 par le nouveau vice-roi, le duc de Montmorency. Son neveu, Henri de Lévy, duc de Ventadour, lui succède en 1625 et octroie certaines terres afin d'accélérer le développement de la colonie. Le 10 mars 1626, il concède aux jésuites la seigneurie Notre-Dame-des-Anges, située du côté nord de la rivière Saint-Charles – autrefois appelée Kabir-Kouba par les Amérindiens et Sainte-Croix par Jacques Cartier – à l'ouest de la rivière Beauport. Les terres de Maizerets allaient bientôt prendre forme.

Tenus de donner leurs terres en cens, les jésuites concèdent à Simon Denys, originaire de La Rochelle, en France, un fief noble dans leur seigneurie. Nous sommes le 10 août 1652. La nouvelle terre, d'une superficie de 7 arpents de front par 24 de profond, prend le nom d'arrière-fief de la Trinité. On connaît très peu de chose des activités de Simon Denys sur son domaine, de même que des bâtiments qu'il aurait pu y faire construire. Cependant, une carte de Robert de Villeneuve, dressée en 1690, ne fait figurer aucun bâtiment sur cette terre qui correspond au site actuel du domaine de Maizerets.

Les abords de la rivière Beauport sont, à l'époque, un lieu privilégié pour les amateurs de chasse et de pêche. Le chirurgien Robert Giffard, arrivé au Canada en 1627, s'y fait d'ailleurs construire une petite demeure pour profiter de ces loisirs qu'il affectionne. Les *Relations des Jésuites* rapportent, en 1648, que pas moins de 1200 lagopèdes ont été abattus dans la région. Cet oiseau, voisin de la perdrix, passe la majeure partie de son existence au sol, à proximité de la limite des arbres et habituellement dans des régions nordiques. Sa présence en si grand nombre à Québec il y a trois cent cinquante ans témoigne des changements qui ont, depuis, touché notre climat...

En plus des lagopèdes, une importante population de canards s'ébattent le long des cours d'eau de la région. C'est cette présence importante d'oiseaux migrateurs qui est d'ailleurs à l'origine du surnom donné à l'endroit, la Canardière. Champlain lui-même signale, dans ses écrits, les chasses abondantes qu'y faisaient les premiers colons à Québec. Aujourd'hui encore, celui qui profite des paysages de Maizerets ne manquera pas de croiser ici et là plusieurs représentants de ces volatiles.

▽ *Canard colvert ou canard malard.*
Photo : Mike Reshitnyk

L'amiral Phips débarque à la Canardière

Au printemps 1690, la Nouvelle-France est sérieusement en péril lorsque l'Angleterre lève deux armées pour une double invasion. L'une, composée de 3000 hommes commandés par le général Winthrop, doit marcher sur Montréal en passant par le lac Champlain. L'autre est formée de 2000 hommes que commande l'amiral Phips, qui doit s'emparer de Québec par la mer, fort d'une flotte de 35 navires.

Si Winthrop n'atteignit jamais Montréal, la petite vérole ayant décimé ses troupes, la flotte de Phips, elle, parvient aux portes de Québec le 16 octobre. Une chaloupe, sous pavillon blanc, transporte un officier qui vient sommer la ville de se rendre dans l'heure suivante. C'est à cette occasion que le gouverneur Frontenac lance ces mots célèbres : « Je nay point de reponse a faire a vostre general que par la bouche de mes canons et a coups de fuzil. » Et le premier coup de canon du gouverneur d'abattre le pavillon de l'amiral Phips, rapporté en triomphe par les Canadiens.

Les bombardements, de chaque côté, dureront quatre jours. Bientôt, 1500 Anglais débarquent sur les plages de la Canardière. Par deux fois, ils sont repoussés par 300 Canadiens aux méthodes peu orthodoxes. Ceux-ci « voltigent de rochers en rochers, à travers les marais et les broussailles, et faisant un feu continuel sur les rangs serrés des Anglais, qui tiraient au hasard contre des ennemis invisibles ou insaisissables ».

Battant en retraite, les Anglais pestent contre ces Canadiens qui « se battent derrière les haies et les broussailles comme les Indiens ! » Les vaisseaux anglais, criblés de toutes parts, lèvent l'ancre et repartent en mer. Phips a perdu 600 hommes, 10 vaisseaux et une quantité importante de munitions de guerre. Québec est en piteux état, mais fin sauf. Tout comme le domaine de Simon Denys, à la Canardière, qui fut le théâtre du débarquement infructueux des forces anglaises.

En mémoire de ces affrontements, on donne à l'église de la basse ville le nom de Notre-Dame-de-la-Victoire, en reconnaissance de la protection que leur avait accordée la Sainte Vierge. Si l'on en croit la légende, au cours de ce siège, des élèves du Séminaire aidèrent à repousser l'envahisseur à la Canardière et reçurent en cadeau un canon abandonné par ceux-ci. Ce canon serait celui qui est conservé encore aujourd'hui au musée du Séminaire. Il est cependant permis de douter de cette participation estudiantine à l'effort de guerre, car le Séminaire n'avait encore aucune présence officielle à la Canardière à cette époque. Les choses allaient cependant bientôt changer, et ce pour les deux cent soixante-quinze années suivantes.

Entrent les Messieurs du Séminaire

Les héritiers de Simon Denys se défont de certaines portions de l'arrière-fief de la Trinité le 13 janvier 1696. Thomas Doyon et François Trefflé dit Rotot sont les nouveaux propriétaires d'une terre d'un peu plus de 7 arpents de front et de 40 arpents de profondeur. Homme d'affaires avisé, Thomas Doyon

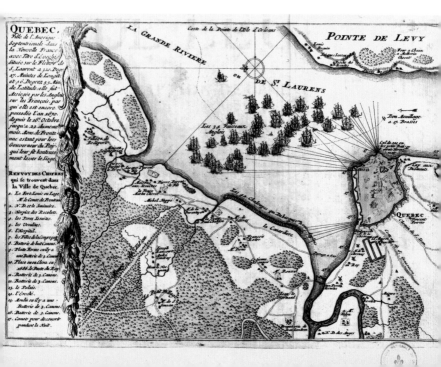

acquiert diverses concessions sur la côte de Beaupré et réunit plusieurs des lots antérieurement concédés par les jésuites. Si bien qu'en 1700 il se retrouve propriétaire d'une vaste étendue de terre. Doyon décide de construire sa maison de pierre près des berges du Saint-Laurent, vraisemblablement dans les limites actuelles de Maizerets, et y élève sa famille en compagnie de son épouse, Barbe Trépagny.

Le 14 janvier 1705, Thomas Doyon cède, pour une raison inconnue, une large part de ses terres au Séminaire de Québec. Il s'agit d'une terre de « 5 arpents et 3 perches de large sur l'embouchure de la petite rivière Saint-Charles, à la Canardière, sur toute la profondeur depuis l'embouchure de la dite rivière jusqu'aux habitations du petit village, joignant au nord-est, à Paul Chalifoux et au sorouest à la veuve et aux héritiers de François Treffé dit Rotot, plus 10 arpents en superficie à prendre sur la largeur du dit terrain appartenant au vendeur... ». Le supérieur du Séminaire à qui est attribuable cette nouvelle acquisition se nomme Louis-Ango des Maizerets.

Le Séminaire de Québec n'aura de cesse d'accroître ses possessions foncières, se portant acquéreur, en 1712, des profondeurs de la Canardière. Une transaction conclue avec Vendandaigne dit Gadbois agrandit la nouvelle ferme du Séminaire en réunissant la terre de

la Canardière au Bourg-Royal. Le Séminaire possède déjà une ferme dans la seigneurie de la côte de Beaupré, mais il décide néanmoins d'en construire une nouvelle sur ses terres de la seigneurie des jésuites, vraisemblablement pour nourrir plus directement les Messieurs du Séminaire et pour assurer une réserve de bois suffisante « pour les siècles à venir ».

La maison qu'avait construite Thomas Doyon est rafraîchie grâce à quelques travaux. Elle sert d'abri au fermier qui occupe les lieux et fait fructifier les terres du Séminaire. Il demeure au rez-de-chaussée, tandis que les élèves du Séminaire qui se rendent à la Canardière pour prendre leur jour de congé occupent l'étage. Afin de permettre à ces derniers d'assister à la messe, la maison est dotée d'une chapelle, l'évêque ayant donné « la permission de célébrer le Saint-Sacrifice de la messe dans la dite chapelle de la Canardière ».

Pendant près d'un demi-siècle, peu de changements seront apportés au domaine, si ce n'est la construction d'une grange en pierre face à la maison, par François Moreault, bâtiment encore debout aujourd'hui. Les communautés religieuses étant par nature bien ancrées dans la tradition, on imagine facilement le rythme régulier des allées et venues des élèves du Séminaire en visite à la Canardière, ainsi que le passage sans histoire des saisons qui dictent le travail du fermier.

Un demi-siècle de repos donc, avant les grands bouleversements de la Conquête.

◁ *Carte du siège de Québec par Phips, Nicolas de Fer, c.a. 1696. Bibliothèque nationale du Québec*

Le Séminaire de Québec et la Conquête

Mgr François de Laval, premier évêque du Canada, crée le Séminaire de Québec en 1663 et l'acte de fondation est signé le 26 mars. Cette communauté de prêtres diocésains veille à la formation du clergé et à la conversion des indigènes du Canada. Le Petit Séminaire de Québec, voué à l'éducation des enfants, voit le jour le 9 octobre 1668. De nombreux bâtiments sont construits à Québec à partir de 1675, dont l'aile de la Sainte-Famille entre 1678 et 1681, aujourd'hui l'aile de la Procure.

Mais deux incendies, en 1701 et en 1705, ralentiront considérablement le développement du Séminaire, détruisant plus de trente ans de labeur. La maison de la Canardière, acquise quelques mois avant le deuxième incendie, deviendra un lieu de repos et de vacances pour les élèves, ainsi que pour les prêtres pendant la reconstruction du Séminaire. Elle conservera cette fonction jusqu'à la Conquête, tout comme la Petite Ferme de Saint-Joachim et la métairie de Sillery.

La guerre entre l'Angleterre et la France pour la possession des colonies d'Amérique prend un tournant décisif à la fin de l'été 1759. Par deux fois, le major général James Wolfe avait essayé d'envahir Québec par les grèves de la Canardière, comme l'avait tenté Phips en 1690.

Il n'eut guère plus de succès. Vers le 10 septembre 1759, le major général Wolfe apprend l'existence d'un sentier créé par l'assèchement d'un ruisseau, qui permettrait à ses troupes d'atteindre les plaines d'Abraham. Il s'agit du ruisseau Saint-Denis, frontière est de la châtellenie de Coulonge, propriété du Séminaire. La célèbre bataille des plaines d'Abraham a lieu dans la nuit du 12 au 13 septembre. Les Anglais obtiennent la reddition de Québec le 18 septembre. Celle de Montréal suivra un an plus tard.

La guerre sera difficile pour les Messieurs du Séminaire. L'établissement d'enseignement est fermé de 1759 à 1765. Ses édifices sont en ruine, ses fermes ont été ravagées et pillées. Le Séminaire n'est pas au bout de ses peines, car la conquête du Canada par les Anglais suscitera bientôt beaucoup d'intérêt du côté des colonies américaines en révolte.

▷ *Mgr François de Laval.*
Musée de la civilisation

Des Américains à la Canardière

Après être tombée aux mains des frères Kirke, avoir résisté à Phips, puis être de nouveau tombée, cette fois aux mains des Anglais, la ville de Québec sera le théâtre d'une autre invasion en 1775. Cette fois-ci, ce sont les Américains qui ont des vues sur la Gibraltar d'Amérique.

Les milices américaines loyalistes ont profité de leur participation à la conquête de la Nouvelle-France pour prendre confiance en leur valeur. La métropole anglaise pour laquelle elles se sont battues devient bientôt la source de diverses frustrations au sein de la population des 13 colonies. La guerre contre la Nouvelle-France fut très coûteuse pour Londres, et l'annexion d'un aussi vaste territoire n'est pas pour réduire les dépenses de la métropole. La métropole anglaise ne peut se permettre d'imposer les Canadiens nouvellement conquis, ou très peu, si elle veut éviter que des soulèvements ne mènent à une alliance entre ceux-ci et les Américains pour chasser l'Angleterre de l'Amérique du Nord.

Ce sont plutôt les colonies américaines qui seront imposées. La loi du Timbre, les Townshend Duties ou les taxes sur le thé (à l'origine du fameux *Boston Tea Party*) suscitent tous de vives réactions chez les colons américains. Leurs députés tiennent des congrès à Philadelphie,

et la guerre est déclarée au deuxième congrès, en mai 1775. George Washington obtient le commandement de l'armée continentale et, le 4 juillet 1776, le congrès approuve une déclaration d'indépendance qui affirme l'égalité entre les hommes et les droits fondamentaux des citoyens.

Dès le premier congrès, les Américains avaient adressé une lettre aux Canadiens, leur enjoignant de se joindre à eux. Arrogants, les Américains prétendent vouloir «éclairer leur ignorance et leur apprendre les bienfaits de la liberté». Les Canadiens, malgré quelques débats houleux, demeurent généralement neutres. L'Acte de Québec de 1774, qui cherchait à plaire aux anciens sujets du roi de France en renouvelant, entre autres, les garanties de liberté religieuse, se révèle avoir été une stratégie efficace, mais les Britanniques de la colonie, eux, ne sont guère séduits par cette loi qu'ils dénoncent comme du laxisme de la part de la métropole. Certains d'entre eux voient l'arrivée de l'armée américaine d'un bon œil.

Qu'à cela ne tienne, les Américains envahissent la province de Québec par le lac Champlain et la rivière Chaudière. Ils remportent quelques succès et, à la fin de l'été, le général Richard Montgomery marche sur Montréal, tandis que le général Benedict Arnold marche sur Québec. Montréal se rend, le gouverneur Guy Carleton est en fuite, déguisé en paysan. La ruse de Carleton réussit. Il se rend à Québec et organise les troupes.

Les « Bastonnais », nom donné à l'envahisseur américain par les Canadiens, réquisitionnent la maison des Messieurs du Séminaire à la Canardière, y installent une batterie et bombardent la ville depuis cette position. Pendant ce temps, des Canadiens accueillent chaleureusement les soldats américains, à Sorel notamment. D'autres à Québec refusent de se battre du côté des Anglais et doivent quitter la ville. On ferme le Petit Séminaire. Arnold et Montgomery passent à l'attaque le 31 décembre 1775, en pleine tempête, Montgomery jurant de « prendre son dîner du jour de l'an à Québec ou chez Hadès ».

C'est avec le dieu grec des Enfers que le général américain allait partager son repas du jour de l'An : il meurt au cours de l'assaut, atteint d'une balle à la poitrine. Arnold est blessé, mais les Américains n'abandonnent pas et maintiennent le siège jusqu'au printemps, bombardant toujours la ville depuis la Canardière. Témoin oculaire de l'invasion, un certain M. Sanguinet rapporte dans son journal que « du premier décembre 1775 au 6 mai 1776, les Bastonnais tirèrent sur la ville 780 coups de canon et 180 petites bombes de 18 livres, 15, 20, 25 et 30 [...]. Pendant le même temps, la ville tira, y compris les coups pour souffler les

canons, 10 470 coups, 996 bombes – les unes de 30, 40, 50 jusqu'à 130 livres et les autres de 160, 176, 200 et quelques-unes de 300 livres et 6 pots à feu – qui brûlèrent quatre maisons dans le faubourg St. Roch ».

Au printemps, l'armée américaine, que les rigueurs de l'hiver et la petite vérole ont rudement éprouvée, songe à se retirer. Le coup de grâce lui est porté au début de mai, lorsqu'une frégate anglaise arrive aux portes de Québec en renfort. Battant en retraite, les Américains abandonnent la Canardière : de la maison des Messieurs du Séminaire, il ne reste que les murs. Elle fut incendiée, vraisemblablement par les Américains avant de fuir, ou peut-être par la riposte anglaise aux bombardements américains.

Les Américains sont en fuite, Québec est sauve et ne sera plus inquiétée. Les affrontements entre Anglais et Américains se déroulent désormais en territoire américain. Aidées par la France dans leurs efforts d'émancipation, les 13 colonies obtiennent finalement la reconnaissance de leur indépendance par l'Angleterre, en 1783.

Un domaine à reconstruire

La vie reprend petit à petit son cours à Québec, après le départ des Américains qui n'ont pu l'arracher aux Anglais. En moins de vingt ans, le berceau de la civilisation française en Amérique a connu la guerre de la Conquête, un régime militaire anglais et une tentative d'invasion américaine.

L'avenir des institutions francophones d'Amérique semble néanmoins menacé à la suite de la conquête anglaise. Les difficultés financières qu'elle entraîne amènent d'ailleurs le Séminaire à se dessaisir de certaines de ses propriétés, comme la châtellenie de Coulonge qui est morcelée et dont les grèves sont louées aux marchands britanniques venus dans la colonie pour profiter de l'essor fulgurant du commerce du bois.

La prospérité revient graduellement, interrompue seulement quelque temps par les visées américaines sur le Canada. En 1777, le Séminaire décide de reconstruire la maison de la Canardière. Michel-Augustin Jourdain en sera le maître maçon, tandis que Joseph Robitaille en sera le maître charpentier. Ils ont pour tâche de reconstruire la maison à partir des murs qui subsistent de l'occupation américaine. On en profite pour y ajouter un deuxième étage et on la munit d'un toit pavillon orné de lucarnes. Le Séminaire se fait un point d'honneur de conserver une architecture typique du Régime français.

La version de 1777 de la maison de la Canardière dictera les agrandissements successifs au cours des siècles, de sorte qu'aujourd'hui encore la maison du domaine de Maizerets présente une architecture résolument française, suivant une tendance plus «québécoise» comme le mentionne l'historien de l'architecture Luc Noppen: «Le toit du pavillon, les lucarnes, le foyer monumental, tout comme la disposition symétrique et ordonnée des ouvertures demeurent les seuls atouts de cette architecture monumentale classique. Déjà en 1777, on peut parler d'une version "québécoise" de cette architecture, les constructeurs ayant maîtrisé les matériaux du pays et abandonné la complexité des décors extérieurs.»

Mgr Olivier Briand fait installer, à ses frais, une chapelle dans la maison de la Canardière. Son autel est le fruit du travail du sculpteur Pierre Émond (1738-1808), qui est aussi l'artisan de la chapelle du Séminaire à Québec, également offerte par Mgr Briand, et d'un tabernacle à la chapelle dite «des Indiens», à Tadoussac.

À partir de 1784, les activités agricoles sont gérées par un contremaître qui veille à la production de foin et d'avoine et qui alimente le Séminaire en viande de boucherie, en légumes et en produits laitiers. Un procureur voit, quant à lui, à la bonne marche de l'établissement.

Le domaine de la Canardière souffle un peu.

La belle époque

Le XIXe siècle sera particulièrement bon pour le domaine de la Canardière, qui ne subira plus les affres de la guerre. De grands travaux de fortification de la ville de Québec ont lieu vers 1812, en prévision d'une nouvelle attaque américaine qui n'aura finalement jamais lieu. Et les turbulences liées aux révoltes patriotes ne toucheront guère le Séminaire et ses domaines. Les Messieurs du Séminaire s'affairent ainsi à la reconstruction et à l'aménagement de leur domaine de la Canardière au cours d'une grande période de travaux qui voit également la construction d'un nouveau Grand Séminaire, entre 1827 et 1828.

La maison de la Canardière est d'abord agrandie, entre mai et décembre 1826, vers le sud-ouest, par un carré de 10 mètres sur 10. Cet agrandissement respecte le style de la maison ancienne, tout en la rapprochant davantage de l'architecture conventuelle plutôt que de celle d'une maison de campagne. Si l'architecture néoclassique est en vogue à l'époque – comme à Spencer Wood ou à Cataraqui –, les Messieurs du Séminaire préfèrent n'emprunter qu'à l'architecture française. Certains nouveaux éléments, notamment un clocheton au centre du toit, l'assimilent même de plus en plus aux autres édifices du Séminaire. Une pièce destinée à la lessive et un appartement pour le gardien sont aménagés. Cet agrandissement est quasi indétectable de l'extérieur tant il s'imbrique parfaitement à l'ouest de la maison de 1777, si ce n'est que le sous-sol de l'annexe est dégagé pour laisser paraître trois étages plutôt que deux.

La vocation champêtre de la maison de la Canardière est de plus en

▽ *Domaine de Maizerets, 1933.*

plus confirmée à partir de la période 1848-1849, qui inaugure de grands travaux d'aménagement touchant non seulement la maison elle-même, mais aussi son environnement. Lors de la rentrée d'octobre 1848, la Canardière accueille près de 200 élèves, dont 57 nouveaux. La propriété est de moins en moins une exploitation agricole, se concentrant plutôt sur sa vocation de maison de vacances et de repos pour les élèves et les prêtres du Séminaire.

La toiture de la maison est rénovée en 1848. Puis, d'octobre 1848 à juin 1849, le maître maçon Jean Paquet s'affaire à agrandir une fois de plus la maison, cette fois-ci de 15 mètres du côté sud-ouest. Il respecte toujours l'architecture du bâtiment existant. Les nouvelles annexes sont construites en maçonnerie de pierres recouvertes de crépi pour protéger des intempéries, comme le bâtiment central original. De larges chevilles de métal, qu'on appelle esses en raison de leur forme en S, sont fixées sur la façade et reliées par l'intérieur aux solives des planchers pour solidifier les murs de pierres. Ces esses sont celles que l'on voit encore aujourd'hui sur le bâtiment.

L'abbé Langevin, professeur de mathématiques au Séminaire, entreprend, avec l'aide de ses élèves, de dresser les plans d'aménagement des jardins qui entoureront le bâtiment maintenant agrandi. Nous évoquerons en deuxième partie les divers aménagements dont la trace fut conservée jusqu'à aujourd'hui. Notons pour l'instant qu'un étang est creusé au sud de la maison, et une île nommée Saint-Hyacinthe en occupe le centre. Le tout répond, visuellement, aux dimensions impressionnantes de la maison.

▽ *L'île Saint-Hyacinthe et l'étang de Maizerets, 6 juillet 1922.*

Un nouveau nom

Fief de la Trinité, maison de la Canardière ou seigneurie Notre-Dame-des-Anges, le domaine des Messieurs du Séminaire fut évoqué de diverses manières par ses occupants et les commentateurs de l'époque. En 1845 est fondé tout près du domaine de la Canardière un hôpital destiné aux malades mentaux. Le directeur du Petit Séminaire, Louis-Jacques Casault, craint que l'expression « aller à la Canardière » ne prête bientôt à confusion...

Le 28 novembre 1849, celui-ci propose à ses confrères de trouver un nouveau nom pour le domaine. Anticipant la difficulté d'en arriver à une proposition unanime, le directeur Casault s'adresse aux élèves du Séminaire. Ceux-ci répondent avec enthousiasme à la requête et, le 19 janvier 1850, une grande assemblée a lieu pour recueillir les suggestions. On retient les noms de Laval, Montigny, d'Iberville, Stadaconé, Beauséjour et Maizerets. C'est ce dernier nom qui est choisi, par 104 voix sur une possibilité de 167, en hommage à Louis-Ango des Maizerets, supérieur du Séminaire en 1705 lors de l'acquisition de la ferme.

Le nouveau nom est annoncé en grande pompe le 7 mars et un manifeste est publié en ces termes :

Nous Soussignés, Élèves Pensionnaires du Petit-Séminaire de Québec, étant convaincus que la maison de Campagne que le Séminaire possède à la Canardière mérite, à tous égards, d'avoir un nom propre, et que celui de « Canardière », vu l'existence d'un hôpital d'aliénés dans cette localité, va devenir synonyme de ceux de Charenton et de Bedlam ; et considérant de plus que le nom de « Maizerets » est celui d'un des plus insignes bienfaiteurs du Petit-Séminaire, et que c'est pendant qu'il était Supérieur que cette propriété a été acquise au Séminaire, avons adopté, et adoptons par ces présentes, du consentement du Séminaire, le dit nom de « Maizerets » pour désigner cette maison de Campagne et ses dépendances ; et nous engageons, d'aujourd'hui et à toujours, à employer tous les moyens en notre pouvoir pour que le dit nom de « Maizerets » soit et demeure celui de la dite maison. Fait au Petit-Séminaire de Québec, en la grande salle de récréation, en présence de tous les Élèves assemblés, le septième jour de mars, de l'année de Notre Seigneur mil huit cent cinquante.

Notons pour mémoire que, comme le rapporte l'historien Noël Baillargeon, l'hôpital n'usurpa jamais le nom de la Canardière comme on l'avait craint : « [...] avant de recevoir en 1976 le nom de Robert-Giffard, [il] fut appelé successivement Quebec Lunatic Asylum, Asile d'aliénés de Québec, Asile de Beauport, Asile Saint-Michel-Archange, puis Hôpital Saint-Michel-Archange. »

François-Xavier Garneau : un historien à la Canardière

L'auteur de la fameuse *Histoire du Canada* habita presque toute sa vie à Québec, sauf au cours des quelques années qui suivirent son mariage en 1835 avec Esther Bilodeau. François-Xavier Garneau (1809-1866) s'installe alors dans une modeste résidence de la Canardière, qu'il nomme sa petite maison blanche. Il y demeurera encore quelques années, sur l'avis de ses médecins, après une grave maladie qui avait failli l'emporter. On sait que Garneau était épileptique et qu'il dut même démissionner de son poste de greffier en 1863 en raison de sa maladie. Le célèbre historien semble particulièrement affectionner la Canardière. Dans une autobiographie, il s'exprime en ces termes, parlant de lui-même à la troisième personne :

De la Canardière, la rade couverte de vaisseaux, et la ville aux toits d'argent, s'élevant en amphithéâtre et couvrant le coteau Sainte-Geneviève jusqu'aux plaines d'Abraham, offrent le coup d'œil le plus ravissant. À quelque distance de la *maison blanche,* qui appartient encore à la famille, mais loin du chemin, du côté de la grève, est *Maizerets,* la maison de campagne des prêtres et des élèves du séminaire de Québec. Bien des fois le jeudi – jour de congé – notre historien, qui faisait presque toujours le trajet de la ville à pied, a dû rencontrer la bande joyeuse des écoliers marchant au pas militaire et chantant nos vieilles chansons canadiennes.

En 1849, les Messieurs du Séminaire font construire « une bâtisse de dimensions suffisantes pour que chacun des quatre côtés pût servir de jeu de paume ». Il s'agissait d'une construction à l'ouest de la maison, dans son prolongement, mais détachée et suffisamment grande pour que les quatre faces soient utilisées. La construction est impressionnante, comme en témoigne une description parue dans le journal du Petit Séminaire : « Les quatre faces latérales d'un même bâtiment, haut de 52 pieds et soutenu par quatre ailes élevées, forment quatre jeux dont les deux grands ont 40 pieds de largeur, et les deux petits 36 ; les pavés des premiers sont longs de 60 pieds, ceux des seconds de 50. Le toit du bâtiment est une plate-forme où se place à l'aise toute la communauté ; il est surmonté d'un mât de 50 pieds au haut duquel flotte dans les beaux congés un pavillon de 30 pieds de long. »

Un autre jeu de « balle au mur » est construit en 1874, adossé au pignon est de la maison. Quelle ironie que ces jeux si prisés des élèves du Séminaire en vacances à Maizerets aient été plus tard à l'origine de deux incendies majeurs qui marqueront le premier tiers du XXe siècle.

◁ *Groupe de prêtres devant une statue à Maizerets, 1907.*

△ *Le jeu de balle au mur de Maizerets, 1870.*

▽ *Madone de Maizerets, 30 juillet 1899.*

Si la dernière moitié du XIXe siècle est, pour Maizerets, empreinte de tranquillité et de continuité, les Messieurs du Séminaire sont fort occupés par la création de l'Université Laval. L'octroi de la charte royale, le 8 décembre 1852, par la reine Victoria en fait la première université francophone en Amérique. Deux ans plus tard, le Séminaire s'occupe à la construction de l'édifice du 9, rue de l'Université, qui abritera l'École de médecine.

De 1854 à 1856, c'est l'édifice qui logera l'Université Laval qui sera construit. Il s'agit de l'actuelle section collégiale du Petit Séminaire. Un nouveau Grand Séminaire sera construit en 1879-1880.

Les Messieurs du Séminaire concentrent donc leur énergie sur la nouvelle université au cœur du Vieux-Québec et, s'ils n'ignorent aucunement leurs petites fermes agricoles et leurs tranquilles lieux de retraite à l'écart de la ville, ils vivent une période de calme qui tranche avec le siècle précédent.

△ Pont suspendu de Maizerets pour traverser à l'île Saint-Hyacinthe, 1906.

◁ À Maizerets. Rosario Benoît, photographe, 1912.

▷ Incendie du château de Maizerets, 3 juin 1923.

Une nature à explorer : Maizerets au XXe siècle

À partir de 1913, avec le développement des paroisses de Saint-Charles-de-Limoilou et de Saint-Ignace-de Loyola-de Giffard, le Séminaire est amené à vendre une série de lots à bâtir et à céder des terrains pour la construction d'une église et d'un presbytère. On assiste, en 1923, à la naissance de la paroisse de Saint-Pascal-Baylon, plus tard nommée Saint-Pascal-de-Maizerets et aujourd'hui Bienheureux-François-de-Laval.

Un incendie éclate à Maizerets le 3 juin de la même année, qui détruit une bonne partie de la toiture de l'agrandissement réalisé en 1826. Quoique les circonstances exactes demeurent nébuleuses, on découvre que le feu a débuté dans le jeu de balle construit à l'ouest de la maison en 1849. Le Séminaire décide de reconstruire en 1924 à partir des mêmes murs et selon les plans d'origine, de sorte qu'on ne trouve, à la fin des travaux, que quelques changements par rapport à la maison précédente, comme l'ajout d'une porte à l'ouest et la disparition du clocheton.

Tout est encore à refaire lorsque, le lendemain de Noël 1927, un second incendie détruit cette fois-ci la partie centrale de la maison où se trouve la chapelle. Le feu aurait pris naissance dans l'appartement du gardien ou peut-être encore près du jeu de balle. Les Messieurs du Séminaire décident le même jour de reconstruire et en profitent pour refaire entièrement la toiture au cours de l'année 1928. On trouve

désormais en façade huit lucarnes plutôt que six, tandis qu'à l'arrière seulement quatre des six lucarnes autrefois présentes sont reconstruites. Jusqu'à aujourd'hui, la maison conserve sensiblement son aspect de 1928, seules quelques modifications à l'intérieur ayant été apportées au milieu du siècle.

Sous l'impulsion de l'abbé Lucien Godbout, en 1932, Maizerets se transforme en centre de vacances pour les élèves du Séminaire et accueille 35 élèves qui se dépensent avec plaisir sur le vaste domaine et autour de l'île Saint-Hyacinthe. On construit un quai pour canots aux abords de l'île en 1934 et un nouveau terrain de croquet est aménagé au centre l'année suivante, plus grand que le précédent. L'abbé Godbout sera le directeur de ce centre de 1947 à 1982.

△ *Château de Maizerets après l'incendie de 1923.*

▽ *Premier concours provincial de labour sur la ferme de Maizerets, 12 octobre 1921.*

▷ *Esse.*

Maizerets est bientôt ouvert à tous les jeunes de la région. Aux activités de plein air s'ajoutent des cours d'arts plastiques, de théâtre, de sciences naturelles ou de géographie. À la fin des années soixante, quelque 400 jeunes fréquentent le centre. On aménage également, en 1967, un terrain de camping de 96 places, face à la maison.

Classé monument historique en 1974, Maizerets est acquis par la Ville de Québec en 1979, laquelle maintient les activités du centre de vacances pendant encore deux ans. Il devient ensuite un parc public en milieu urbain, ouvert en tout temps aux diverses activités de plein air. La maison de Maizerets est restaurée par la Ville de 1986 à 1989, après que des études et des expertises archéologiques ont été réalisées.

C'est la Société du domaine Maizerets qui est l'organisme responsable de l'animation sur le site depuis 1982, perpétuant son rôle d'éducation axée sur l'interprétation de la nature. Diverses activités culturelles et communautaires y sont organisées, et la vieille maison de Maizerets accueille régulièrement concerts, expositions et autres événements spéciaux.

Au domaine de Maizerets, l'histoire, la science et l'horticulture se côtoient donc au grand plaisir du visiteur.

Entrons y jeter un coup d'œil.

2

VISITE DU DOMAINE

Le cœur historique du domaine

Le domaine de Maizerets se distingue de bien d'autres grands jardins du Québec par ses 27 hectares qui offrent une oasis de verdure en plein cœur d'un des secteurs les plus populeux et industriels de la ville de Québec, l'arrondissement de Limoilou. On trouve l'ancien domaine des Messieurs du Séminaire au 2000, boulevard Montmorency, à l'ouest de l'avenue d'Estimauville, au nord de l'autoroute Dufferin-Montmorency. Ce parc en milieu urbain assure un peu de quiétude au promeneur qui s'écarte momentanément du brouhaha de la vie quotidienne.

L'entrée au domaine se fait par le boulevard Montmorency, du côté nord du site. À quelques mètres sur sa gauche, le visiteur laisse sa voiture pour commencer, à pied ou à vélo, un parcours qui le mène, après quelques mètres seulement, au cœur historique de Maizerets. Sur sa droite, il trouve la maison Lacroix, construite pour les prêtres en 1946, puis occupée par les dirigeants du domaine. Tout près se dresse la petite chapelle rapatriée de la station météorologique de Trois-Pistoles en 1943, avec, à ses pieds, quelques massifs de spirées de Vanhoutte (*Spiræa x vanhouttei*) et d'hortensias paniculés (*Hydrangea paniculata* 'Grandiflora') qui produisent un bel effet.

Mais sans contredit, c'est ce que l'on a longtemps appelé le « château » de Maizerets qui s'impose à la vue et qui fait entrer le visiteur en Nouvelle-Frace. Celui-ci découvre ainsi un bâtiment maintes fois modifié par des agrandissements ou par la reconstruction de certaines parties incendiées en 1923 et en 1927, mais qui sut toujours conserver un style français. La maison a

▷ *Chapelle.*

▽ *Maison Lacroix.*

▷ *Pages suivantes : Maison Maizerets.*

d'ailleurs le statut de bien culturel depuis le 12 novembre 1973 et de monument historique depuis 1974, l'aire de protection s'étendant dans un rayon de 150 mètres autour du bâtiment ainsi protégé de toute destruction, altération, détérioration, restauration, réparation ou modification sans le consentement du ministère de la Culture et des Communications du Québec.

Face à la maison s'élève la grange en pierre construite en 1755 par François Moreault. Ce fut une grange, une glacière, une forge et même une boîte à chansons. Une étable a été annexée à la grange en 1920. Voilà les deux seuls bâtiments à vocation agricole qui subsistent sur le site, après la destruction de quelques autres en 1965. Mis à part l'ajout d'une annexe en bois, l'aspect extérieur du bâtiment est sensiblement le même qu'à sa construction, si ce n'est que le toit a perdu son recouvrement d'origine.

Deux îlots de pivoines Sarah Bernhardt (*Pæonia lactiflora* 'Sarah Bernhardt'), à la floraison rose tendre au printemps, font face à la maison et la séparent de la grange. Des massifs de fleurs annuelles aux couleurs vives créent des contrastes qui mettent en valeur la maison de Maizerets.

◁ *Champ de pivoines officinales.*

△ *Grange et étable.*

△ *Pivoine japonaise.*

35

La roseraie

Créée en 1991, la roseraie du domaine de Maizerets est aménagée sous la forme de trois massifs circulaires. Ces massifs recèlent de deux ou quatre variétés de rosiers arbustifs et sont tous bordés par la variété 'Frontenac'. Tous les rosiers ont été sélectionnés pour leur résistance au froid, aux maladies et aux insectes.

△ Rosier 'Charles Austin'.   ▷ Rosier 'Frontenac'.

△ Rosier 'Robusta' (au centre).   ▽ Rosier 'Robusta'.

L'île Saint-Hyacinthe

Après avoir contourné la maison de Maizerets par l'est et traversé les grandes pelouses qui furent autrefois le lieu de tant de jeux des élèves du Séminaire de Québec, le promeneur se retrouve devant l'étang de forme elliptique qu'avaient fait aménager l'abbé Langevin et ses élèves en 1849, vraisemblablement à partir d'une ancienne redoute française. Il est alimenté de façon naturelle par la nappe phréatique, particulièrement élevée sous l'ensemble du domaine de Maizerets.

L'île a 18 mètres de long. Des plantations d'alignement ont été faites symétriquement autour de l'île et de l'étang vers le milieu du XIXe siècle, et des balançoires ainsi que des mâts pour hisser des pavillons ont été installés. On donnera, en 1852, le nom de Saint-Hyacinthe à l'île, pour souligner le passage des élèves du Séminaire de Saint-Hyacinthe l'année précédente.

Pendant un peu plus d'un siècle, cet îlot est le théâtre privilégié des jeux des élèves et colonies de vacances. Des pistes d'hébertisme y sont aménagées, ainsi qu'un terrain de croquet en 1930. Des « cordes de Tarzan » permettent de sauter au-dessus de l'anneau d'eau, les enfants imitant ainsi Zorro, personnage mythique au centre de

△ Étang.

◁▽ Île Saint-Hyacinthe.

plusieurs activités organisées du temps du camp de vacances. Pour sa part, l'anneau d'eau se prête magnifiquement bien au canotage en été et au patin en hiver. Enjambant l'étang, des passerelles suspendues sont installées en 1870, remplacées en 1951 par un pont-billot et un pont en corde.

Si l'île Saint-Hyacinthe se prête bien aux loisirs des élèves du Séminaire, cela ne doit pas servir de prétexte pour s'éloigner du religieux. En septembre 1867, les Messieurs du Séminaire font ériger une statue de la Vierge de l'Assomption dans un petit oratoire situé au centre de l'île. La statue est remplacée par une autre en 1870. Œuvre du sculpteur Léandre Parent, la nouvelle statue sera bénite par le premier cardinal canadien, Mgr Elzéar-Alexandre Taschereau. L'édicule gothique est remplacé par un oratoire plus classique, et on aménageait à l'époque des massifs de glaïeuls tout autour pour égayer ce nouveau lieu de dévotion. La statue actuelle provient de l'église Saint-Cœur-de-Marie, sise sur la Grande-Allée.

La floraison printanière y est aujourd'hui abondante, grâce à l'implantation d'éricacées tels le kalmia Olympic Fire (*Kalmia latifolia* 'Olympic Fire'), ou l'andromède des marais (*Andromeda polifolia*

△ *Kalmia et iris versicolore.*

▷ *Oratoire de l'île Saint-Hyacinthe.*

▽ *Hémérocalles fulva.*

'Nana'). On trouve également autour de l'oratoire quelques hémérocalles (*Hemerocallis fulva*), des iris versicolores et des bergenies (*Bergenia cordifolia*) qui ponctuent de leur bleu, orange et rose ce salon de verdure qui profite de la présence de quelques arbres de milieux humides, comme le saule, l'érable argenté, l'érable rouge et le frêne. À ces teintes verdoyantes s'ajoute celle, mystérieuse, de la lentille d'eau (*Lemna minor*) qui recouvre d'un joli tapis vert la surface de l'anneau d'eau. Cette couverture, si elle empêche les algues de prospérer, empêchera aussi l'eau de devenir trop chaude. La lentille d'eau est apparue après la formation des marais au sud.

△ *Couleurs d'automne.*

◁ *Oratoire de l'île Saint-Hyacinthe.*

▽ *Lentilles d'eau.*

Vers les marais

De l'île Saint-Hyacinthe, le promeneur entrevoit, au sud, une zone marécageuse. Il peut s'y rendre en revenant sur la terre ferme et en contournant l'anneau d'eau par l'ouest. Il est invité à pénétrer dans une aire de jeux pour les enfants, aménagée de façon conviviale et intégrée à l'ensemble grâce à la présence d'arbustes à fleurs et à fruits et de vivaces, dont les lilas (*Syringa vulgaris*), les érables de l'Amour (*Acer ginnala*), les rosiers rugueux (*Rosa rugosa*) ainsi que quelques variétés d'iris et de salicaires.

Tout près, le promeneur ne peut manquer de remarquer une piscine circulaire qui fait le bonheur des visiteurs pendant la canicule. Elle fut aménagée en 1940. Des platesbandes florales marquent le chemin vers l'ormaie naturelle et les peupliers centenaires, pour se prolonger vers les marais au sud. Elles sont composées, entre autres, de kalmias, de magnifiques magnolias hybrides 'Merrill' (*Magnolia* x *loebneri* 'Merrill') et de rhododendrons 'Bourseault', 'Ramapo' et 'Nova Zembla', qui profitent d'un sol acide en milieu ombragé grâce

à la présence d'un couvert végétal créé par des saules, des frênes et des peupliers faux-trembles. Quelques thuyas offrent également un mur naturel qui brisera les grands vents.

En traversant l'ormaie, peuplée d'ormes d'Amérique (*Ulmus americana*), on ne peut rester indifférent à la présence des peupliers deltoïdes centenaires (*Populus deltoides*) qui circonscrivent vraisemblablement les limites de la propriété du Séminaire à l'époque où elle a été séparée d'une plage qui menait au fleuve.

△ Bruyère rose.

△ Rhododendron 'Golden Sunset'.

△ Rhododendron 'Rosy Light'.

◁ L'ericaceum du domaine et ses rhododendrons.

Au sud-ouest, le domaine de Maizerets est bordé de marécages créés par le remblaiement du fleuve Saint-Laurent lors de la construction de l'autoroute Dufferin-Montmorency en 1970. À la suite de ces travaux, la Ville de Québec a décidé de conserver ces marécages et de les mettre en valeur afin d'assurer la présence d'insectes, de champignons et d'une importante faune ailée, dont fait partie notamment le colvert si typique de l'ancien domaine de la Canardière. Sentiers et belvédères sont aménagés au profit du promeneur qui peut ainsi découvrir cette zone exempte de toute autre forme d'intervention humaine. Aucune taille d'arbres morts n'est même effectuée, et ce afin de conserver l'état de cet écosystème fragile et vital pour plusieurs espèces animales et végétales.

Sur l'ensemble du site, quatre marais ont été formés dans des dépressions laissées par le remblai.

Le plus grand, au sud-ouest du cœur historique du domaine, est dominé par quelques plantes submergées, telles que l'utriculaire commune qu'on trouve aussi

autour de l'île Saint-Hyacinthe, et quelques spécimens de plantes flottantes, comme l'hydrocharis des grenouilles (*Hydrocharis morsus-ranæ*). Ses petites fleurs unisexuées et munies de trois pétales blancs s'ouvrent juste au-dessus de la surface de l'eau et attirent une grande variété d'insectes pollinisateurs. La plante est dotée d'un appareil radiculaire bien développé, sans toujours s'enraciner au fond de l'eau cependant. Les racines s'emmêlent plutôt à d'autres plantes ou entre elles, ce qui contribue à la formation de masses denses favorisant la stabilité de la colonie.

Quelques autres espèces de plantes aquatiques submergées croissent dans le marais, comme le potamot feuillé (*Potamogeton foliosus*) et l'élodée du Canada (*Elodea*

△   Salicaire pourpre.

◁▽ Marais.

canadensis), celle-ci portant un nom pour le moins révélateur de son habitat : « élodée » vient en effet du grec *helôdês* qui signifie « marécageux ». Ces plantes côtoient le myriophylle de Sibérie (*Myriophyllum sibiricum*) et l'utriculaire commune (*Utricularia vulgaris*) qui, elle, doit son nom à ses utricules, petits organes en forme d'outre qui servent à capturer des proies minuscules qu'attire la corolle d'un jaune vif.

Une mince bande de laîche faux-souchet (*Carex pseudocyperus*) borde plusieurs quenouilles dans la partie émergente de ce marais, parmi quelques saules fragiles qui

donnent un avant-goût de la saulaie que croisera le promeneur dans le boisé du domaine de Maizerets. Quelques canards noirs profitent de cet écosystème pour y nicher, exploitant à cette fin de petits îlots créés par le déracinement de quelques saules. On y rencontre également des carouges à épaulettes et des grives des bois.

Au mois d'août, le marais du domaine de Maizerets est agrémenté par la présence importante d'une plante au joli coloris, mais détestée des écologistes : la salicaire pourpre. Espèce envahissante fréquente dans les terres humides,

cette belle plante fut autrefois introduite au Canada comme plante de jardin et s'étend depuis sans opposition en raison de l'absence de prédateurs indigènes. Si elle est la plante considérée comme nuisible la plus connue au Canada, il n'en demeure pas moins que l'effet est saisissant lorsqu'elle colore les marais du domaine de Maizerets. La Ville de Québec a décidé de la conserver dans ce milieu clos et donc peu propice à la propagation.

◁   *Pages précédentes : Marais.*

◁   *Salicaire pourpre.*

△   *Carouge à épaulettes.*

△   *Marais, quenouilles.*

Le boisé

Le boisé du domaine de Maize-rets constitue une sorte de zone tampon entre le cœur historique du parc et la partie plus contemporaine qu'est l'arboretum. Ce boisé donne à voir un paysage inhabituel par le type de végétation qui le compose et par les formes quasi fantasmagoriques qui s'en détachent. Là réside toute l'originalité du boisé de Maizerets, qui se démarque ainsi de ceux que l'on trouve plus communément dans les jardins du Québec.

La peupleraie

Le promeneur pénètre dans le secteur boisé depuis un sentier situé à l'est de l'île Saint-Hyacinthe. Ce premier tiers du boisé bénéficie d'une terre relativement ferme, car il se situe dans la zone de remblai créée à la suite des travaux de construction de l'autoroute Dufferin-Montmorency. Ce secteur est principalement couvert de peupliers deltoïdes, espèce pionnière qui s'implante naturellement après de tels travaux de construction. Le peuplier deltoïde compte parmi les plus grands arbres qui poussent au Québec. Il produit des feuilles triangulaires, bordées de grosses dents arrondies, et son système racinaire est des plus envahissants. Il ne lui faut que quelques années pour atteindre une taille impressionnante.

Quelques variétés de plantes ligneuses et herbacées pointent au travers de la peupleraie, comme la renouée orientale (*Polygonum orientale*) et la prêle des champs (*Equisetum arvense*) ou «queue de renard», dont les tiges fructifères blanches au printemps deviendront stériles et vertes en automne. Le frère Marie-Victorin (1885-1944) mentionne dans sa *Flore laurentienne* que l'ingestion de la prêle des champs, séchée dans le foin, provoque chez les chevaux une maladie particulière, l'équisétosis, qui se manifeste par des symptômes semblables à ceux de la méningite cérébrospinale. Les riverains du Saint-Laurent désignaient cette affection sous le nom de «chambranle».

Quelques plantes laticifères, c'est-à-dire qui produisent du latex, poussent également dans ce secteur du boisé, comme l'apocyn à feuilles d'Androsème (*Apocynum androsæmifolium*) à la corolle campanulée blanche ou rose et l'asclépiade commune ou «petits-cochons» (*Asclepias syriaca*). Celle-ci produit du caoutchouc ainsi que des aigrettes, une matière textile. Ses fleurs au suc odorant et sucré attirent bon nombre d'insectes, dont le papillon monarque. Les Grecs utilisaient autrefois une espèce voisine de l'asclépiade contre les morsures de serpent et la dédièrent à Asclépios, dieu grec de la médecine. Les Amérindiennes l'utilisaient pour leur part comme contraceptif.

▷ *Boisé.*

La saulaie

En visitant le boisé du domaine de Maizerets, le promeneur remarquera peut-être le changement de l'écosystème entre la terre ferme de la peupleraie et les terres humides de la saulaie. Cette coupure correspond à la fin de la zone de remblai créée en 1970 et au début d'une plaine de débordement créée par la présence, plus à l'est, du ruisseau du Moulin qui inonde ces terres au moment des grandes crues printanières.

Au retrait des eaux, il y pousse une végétation particulière, où dominent, entre autres, les charmantes petites fleurs jaune orangé de l'impatience du cap (*Impatiens capensis*), mais aussi l'ortie (*Urtica dioïca*) qui, armée de poils urticants, tient en respect le promeneur qui tenterait de marcher hors des sentiers aménagés.

Mais l'espèce la plus représentative du boisé humide, et du domaine de Maizerets par le fait même, est sans contredit le saule, et particulièrement le saule fragile (*Salix fragilis*). Un habitué des secteurs humides – son nom générique

viendrait du celte et signifierait « près de l'eau » –, le saule joue un rôle important dans la préservation des rives des cours d'eau, car ses racines retiennent le sol et freinent l'érosion. Il existe au Québec pas moins d'une quarantaine d'espèces de saules, toutes de formes et de tailles variées. Symbole de la vie chez les Tibétains, le saule est l'un des arbres qui se reproduisent le plus facilement : il suffira, au printemps, de prélever une branche et de la piquer dans le sol humide pour qu'elle croisse.

Le saule est parfois appelé l'arbre à canards, et le visiteur du domaine de Maizerets ne manquera pas de comprendre l'origine de ce surnom. Plusieurs canards s'activent en effet à travers les saules dans les portions plus marécageuses. Le saule se divise généralement, dès sa base, en plusieurs troncs, offrant par le fait même une protection efficace pour les canards qui y installent souvent leur nid entre les racines de l'arbre.

À la tombée de la nuit, à Maizerets, ces saules qui s'étirent dans tous les sens donnent parfois naissance à des visions inquiétantes. Ici, une gigantesque araignée. Là, une créature mythique tout droit sortie de l'univers de Lovecraft. Ces images sont rapidement dissipées par l'arrivée du jour, lorsque le soleil ravive le vert chatoyant du saule. Le spectacle est particulièrement saisissant après une pluie, alors que les gouttelettes sur les feuilles s'offrent en prisme aux rayons du soleil.

△ *Canards.*

◁ *Boisé.*

▷ *Pages suivantes : Saulaie fragile.*

Quelques marécages occupent également cette plaine de débordement créée par les inondations printanières. On trouve au cœur de la saulaie un marais à butomes (*Butomus umbellatus*), plante introduite d'Europe peuplant les rives du Saint-Laurent et des rivières qui s'y jettent. Les butomes sont particulièrement résistants au froid. Leurs fleurs roses réunies en corymbe s'épanouissent en juillet et août.

Le promeneur qui emprunte les sentiers aménagés du domaine de Maizerets constatera peut-être que ceux-ci lui font contourner tout un secteur qui lui est ainsi rendu inaccessible. Cet aménagement tout à fait volontaire permet de soustraire cette zone au passage des 200 000 à 300 000 visiteurs qu'accueille le domaine bon an mal an et de créer des zones de protection de l'écosystème et de tranquillité pour les oiseaux qui y nichent. Près de 200 espèces d'oiseaux ont déjà été recensées au domaine de Maizerets durant une année.

Depuis les sentiers et quelques belvédères aménagés en périphérie de cette zone de tranquillité, le promeneur peut tout de même constater la présence d'aulnes rugueux (*Alnus rugosa*) dominés par les grands frênes rouges (*Fraxinus pennsylvanica*), dont les jeunes pousses attirent le rat musqué qui se délecte de leur écorce. Plusieurs ormes d'Amérique (*Ulmus americana*) sont également concentrés dans un secteur du boisé, tout près d'un marécage arborescent.

△ *Butome à ombelle.*

◁ *Saule fragile.*

▽ *Toile d'araignée.*

Le ruisseau du Moulin

Aussi connu sous le nom de ruisseau de la Taupière, le ruisseau du Moulin sépare le boisé de l'arboretum. Peu profond et de faible débit, ce ruisseau draine un bassin hydrographique de 19 kilomètres carrés situé à Beauport et Charlesbourg. Puisqu'il est soumis aux marées, les abords de ce cours d'eau sont propices au développement d'espèces végétales adaptées aux immersions fréquentes. Le sol plat, constitué de dépôts argileux et imperméables, maintient des conditions d'humidité élevée durant tout l'été.

On remarque entre autres, dans la vase qui borde le ruisseau, des colonies de sagittaires latifoliées ou « fléchières du Japon » (*Sagittaria latifolia*) aux petites fleurs blanches, dont les bulbes de trois centimètres en forme de poire sont particulièrement riches en amidon et appréciés des canards. La callitriche des eaux stagnantes (*Callitriche stagnalis*), que l'on rencontre uniquement dans la région de Québec et nulle part ailleurs dans la province, forme de petits tapis vert tendre sur les berges du ruisseau du Moulin. Le ruisseau même est peu propice au développement de plantes aquatiques, si ce n'est le potamot pectiné (*Potamogeton pectinatus*) dont l'épi porte des fleurs jaune-vert.

En remontant vers le nord le sentier qui longe le ruisseau, le promeneur est bientôt invité à traverser un pont qui le catapultera, comme une machine à voyager dans le temps, de la Nouvelle-France au nouveau millénaire. C'est que s'ouvre bientôt à ses sens toutes sortes d'aménagements contemporains et originaux, dans ce musée-jardin que l'on appelle l'arboretum du domaine de Maizerets.

△ Pont enjambant le ruisseau du Moulin.

△ Éléocharide aciculaire.

◁ Bassin d'eau de l'arboretum.

L'arboretum

Inauguré en 1997, l'arboretum du domaine de Maizerets est un vaste musée-jardin de sept hectares créé sur l'emplacement d'un ancien dépôt à neige. Il s'agit d'un exemple remarquable de récupération et de mise en valeur d'un terrain vague en milieu urbain, alliant des objectifs d'éducation à l'horticulture et d'augmentation de la biodiversité. L'arboretum se veut une vitrine du marché horticole au Québec, puisque les espèces qui s'y trouvent sont vendues dans le commerce ; l'amateur d'horticulture qui voudrait en agrémenter son propre jardin peut donc se les procurer sans difficulté.

Des sentiers aménagés conduisent le promeneur à travers un parcours qui lui fera découvrir 14 familles botaniques. L'arboretum vient enrichir la qualité de vie l'arrondissement de Limoilou et participe à la valeur récréative et historique du site en offrant un outil pédagogique de vulgarisation des sciences de la botanique et de l'horticulture.

Le jardin d'eau

Dès son entrée dans l'arboretum, le visiteur se trouve en bordure d'un vaste jardin d'eau d'une superficie de 2500 mètres carrés, construit de toutes pièces, où la présence de plantes aquatiques assure l'équilibre biologique. Les cinq grandes catégories de plantes aquatiques y ont des représentants.

La catégorie des plantes submergées, dissimulées sous l'eau et de petite taille, est ici représentée par l'élodée du Canada (*Elodea*

◁ *Massif d'hostas, de lytrum et d'hémérocalles.*

▽ *Canard malard.*

canadensis), l'éléocharide aciculaire (*Eleocharis acicularis*) et le myriophylle (*Myriophyllum aquaticum*). Il s'agit de plantes oxygénantes au développement très rapide, très utiles pour limiter la croissance des algues au printemps.

On y trouve également la jacinthe d'eau (*Eichhornia crassipes*) et l'hydrocharis des grenouilles (*Hydrocharis morsus-ranæ*), qui constituent deux variétés de plantes nageantes, c'est-à-dire qui se déplacent librement à la surface de l'eau, sans attache racinaire au fond du bassin. Divers nymphéas représentent les plantes à feuillage flottant, qui poussent au fond du bassin et projettent leur feuillage et leurs fleurs à la surface de l'eau, absorbant les rayons du soleil et régularisant ainsi la température de l'eau et la croissance des algues. Le jardin d'eau de l'arboretum compte diverses variétés de nymphéas, comme les *Nymphæa chromatella*, *gladstoniana* et *odorata*, les variétés 'Attraction', 'Colonel A.J. Welch', 'Firecrest', 'Marliacea Carnea' et 'Queen of White'.

Parmi les plantes émergentes, soit les plantes dont les rhizomes se trouvent au fond de l'eau alors que leurs feuilles et leurs fleurs se dressent au-dessus de la surface, on découvre, entre autres, l'acore panaché ou belle-angélique (*Acorus calamus variegatus*), le scirpe à zébrures ou jonc panaché (*Scirpus lacustris subsp. Tabernæmontani* 'Zebrinus') et la glycérie aquatique (*Glyceria aquatica*). Il s'agit de plantes filtrantes concentrées principalement dans le ruisseau qui, partant de la cascade, vient se jeter dans le bassin.

La dernière catégorie de plantes aquatiques, celle des plantes de bordure, n'est pas en reste. Ayant leur base au niveau de l'eau, on les associe généralement plus à des plantes de milieux humides qu'à des plantes aquatiques. Elles masquent les bordures du bassin et lui confèrent ainsi un aspect plus naturel. Le jardin d'eau de l'arboretum compte plusieurs espèces et variétés de plantes de bordure indigènes et ornementales. Le pétasite du Japon (*Petasites japonicus*) côtoie le myrique

baumier (*Myrica gale*) et les massifs de hostas. Des hémérocalles rouges et jaunes (*Hemerocallis* 'Autumn Red' et 'Lady Inara') agrémentent le bassin de leurs mille fleurs. Des espèces peu connues, comme l'amorpha (*Amorpha fruticosa*), le houx verticillé aux baies rouge vif (*Ilex verticillata*) et l'érable de Tartarie (*Acer tataricum*) suscitent la curiosité.

▷   *Calamus.*

▽   *Bassin d'eau.*

▷   *Pages suivantes : Massif de telekia, de quenouilles et d'hémérocalles.*

Le pavillon d'accueil

En longeant le jardin d'eau jusqu'à la cascade où il prend sa source, le promeneur arrive bientôt au pavillon d'accueil, qui constitue l'entrée de l'arboretum par l'avenue d'Estimauville. À l'intérieur, on y trouvera toutes sortes d'informations concernant l'arboretum et les variétés d'arbres, de plantes et de fleurs qu'on y découvre. Une borne informatique interactive permet aux visiteurs qui s'y attardent de naviguer parmi les différentes plantes de l'arboretum. Mais attention! Car un peu d'inattention pourrait faire manquer au promeneur l'un des aménagements horticoles les plus originaux du domaine... sur le toit!

▷ *Pavillon d'accueil et roseraie de l'arboretum*

▽ *Mélèze d'Europe pleureur et massif de plantes vivaces sous le givre.*

En effet, il suffit de penser à lever les yeux pour constater que la toiture du pavillon d'accueil est en fait un véritable jardin. Sa végétalisation fut amorcée en 1996 et constitue l'une des premières expériences de ce type dans la région de Québec. Rien n'a été laissé au hasard dans la création d'un tel jardin, véritable solution en ce qui a trait à la création d'espaces verts vivifiants en milieu urbain.

Plusieurs couches se superposent pour assurer le succès d'une telle opération. D'abord, une couche d'étanchéité, sur laquelle repose un géotextile de drainage. Une grille de rétention a été installée sur tout le pourtour du toit, afin de bien retenir un substrat de culture de faible épaisseur, soit de 10 à 15 centimètres seulement. Cette couche de terre offre une capacité maximale de drainage, résiste à l'érosion et retient l'eau de façon très efficace. Un treillis anti-érosion recouvre le tout, et il ne reste plus qu'à la nature à faire son travail.

C'est donc grâce à ce concept de végétalisation que la toiture du pavillon d'accueil de l'arboretum se recouvre d'une variété de graminées adaptées à ce milieu et de plantes alpines telles que l'orpin (*Sedum*) et la joubarde (*Sempervivum*). Ce type de toiture, en plus de bien s'intégrer au paysage, présente de nombreux avantages sur le plan environnemental. En effet, il retient de 70 % à 100 % des eaux de pluie, retardant l'écoulement et diminuant le volume des eaux à traiter. Sans compter que la végétation améliore la qualité de l'air et contribue au maintien de la biodiversité. Comme elles peuvent être aménagées tant sur les toitures plates que sur les toitures en pente, tant sur de petites que de grandes superficies, tant sur des constructions neuves que lors de travaux de rénovation, il est à souhaiter que ces toitures végétales deviendront de plus en plus populaires, améliorant du coup la qualité de vie des citadins.

▷ ▽ *Tour d'observation.*

Du haut de la tour d'observation
La tour d'observation du domaine de Maizerets s'élève sur la pointe sud-est de l'arboretum. Elle offre une vue saisissante sur l'île d'Orléans, les battures de Beauport, les Laurentides et le centre-ville de Québec. La vue sur la ville qu'avaient les Messieurs du Séminaire et leurs élèves ayant été complètement bouchée par les diverses constructions qui entourent aujourd'hui le domaine, la tour d'observation permet de se réapproprier ce paysage.

Mais la tour demeure également l'un des meilleurs points pour admirer quelques aménagements situés au cœur même de l'arboretum. Le labyrinthe de thuyas noirs (*Thuja occidentalis* 'Nigra') est sans contredit celui qui frappera le visiteur en premier lieu. Ces labyrinthes furent très en vogue en Italie, en France et en Angleterre au cours des XVIᵉ et XVIIᵉ siècles. L'exemple le plus connu,

toujours accessible au public, est celui de Hampton Court, résidence secondaire de la royauté britannique depuis Henri VIII située en banlieue de Londres. Il en existe cependant très peu en Amérique.

Le domaine de Maizerets se démarque une fois de plus par ce labyrinthe constitué de 350 mètres de sentiers bordés de 750 thuyas noirs communément appelés cèdres noirs. En guise de fil d'Ariane, des blocs de granit apparaissent ici et là, de sorte que l'enfant qui s'y perd peut y grimper et ainsi attirer l'attention.

À l'ouest, tout près du pont enjambant le ruisseau du Moulin, un lit semble flotter au-dessus des arbres ! Il s'agit d'une œuvre d'art intitulée *Lit de Rivière* et signée Aline Martineau et Johanne Tremblay. Cette structure qui perce la cime des arbres symbolise la naissance du quartier de Limoilou, au bord de la rivière Saint-Charles.

« Le lit, expliquent les artistes Aline Martineau et Johanne Tremblay, est un lieu empli de mystère, auquel nous confions nos secrets. C'est dans ce lit que nous entrons dans le monde. Au fil de notre

existence, notre relation avec lui s'approfondit et se transforme. C'est dans ce lit que nous éprouvons la solitude de l'enfance, que nous nous abandonnons avec passion aux rêves de jeunesse et atteignons l'âge mûr. Refuge de plaisir et du bonheur autant que de la maladie et de la souffrance, le lit nous accompagne toute notre vie jusqu'à la métaphore du dernier rite de passage. »

△ *Vue sur le fleuve Saint-Laurent à partir de la tour d'observation.*

◁ *Vue de l'arboretum.*

▷ *Pages suivantes : Le boisé et le Lit de rivière.*

La zone d'enrochement

Tout près de la tour d'observation, une zone d'enrochement crée une petite agora. Il s'agit là d'un excellent exemple de l'effort de récupération de matériaux qui fut fait lors de l'aménagement de l'arboretum sur cet ancien dépôt à neige. Tous les blocs de granit présents sur le site étaient initialement destinés au marché de l'exportation, mais ils ont été refusés en raison d'imperfections mineures. La Ville de Québec a donc récupéré ces quelque 200 blocs, qui ont été utilisés pour former l'agora ou qui sont devenus des bancs et des éléments décoratifs. Quant au pavé du pavillon d'accueil, il est fait de blocs de scories récupérés des rues anciennes de Québec. Ces scories, résidus de hauts fourneaux, servaient, au début du XXᵉ siècle, de lest dans les bateaux de livraison de charbon au Canada.

La zone d'enrochement est également agrémentée d'une multitude de végétaux d'ornement qui se caractérisent par des textures diversifiées de feuillage. Une belle collection de graminées ornementales domine l'emplacement, comme les variétés de roseau de Chine (*Miscanthus sinensis*), 'Malepartus', 'Roland', 'Silberfeder', 'Kleine Fontaine' et 'Silberspinne'. Un catalpa commun (*Catalpa bignonioides*), des aralies du Japon (*Aralia elata*), un tamaris d'Asie (*Tamarix pentandra*), des épines-vinettes (*Berberis sp*) et un céphalante occidental (*Cephalantus occidentalis*) y déploient leur frondaison, tout comme les chênes anglais fastigiés (*Quercus robur* 'Fastigiata').

◁ *Épine-vinette pourpre et chèvrefeuille grimpant 'Dropmore scarlet'.*

△ *Échinacée pourpre et herbe à chats en fleurs.*

▽ *Astilbe 'Fanal'.*

Au fil des sentiers

Le promeneur est invité à déambuler le long des sentiers de l'arboretum, sans parcours précis. Il rencontrera sur son chemin une collection de conifères, des massifs de variétés de lilas communs de Preston, des weigelas, des viornes, des symphorines et une grande quantité de rosiers arbustifs. Il découvrira également la volière à papillons, qui lui sera peut-être familière. Il s'agit en effet d'un kiosque floral qui enjambait un fleuve féerique de fleurs à l'occasion de *Québec en fleurs 97*. Il fut offert à la Ville de Québec par la Société des Floralies internationales de Québec. La volière à papillons présente plus de 30 espèces des plus beaux papillons de l'est du Canada.

Que serait un arboretum sans arbres ? Celui du domaine de Maizerets réunit, tout au long de ses sentiers, plusieurs familles d'arbres qui demanderaient un ouvrage complet ne serait-ce que pour en faire un survol. On dénombre environ 1500 arbres dans ce véritable musée vivant, répartis en 215 espèces, variétés et cultivars différents. De plus, on y trouve 277 espèces, variétés et cultivars différents d'arbustes, de conifères et de plantes grimpantes et 120 espèces, variétés et cultivars de plantes vivaces.

De nombreux panneaux d'interprétation disposés un peu partout sur le site informent le promeneur sur les familles d'arbres. Notons, entre autres, la présence du bouleau, de l'aulne, du noisetier, de l'ostryer et du charme, de la famille des bétulacées, ou encore la présence du marronnier, de la famille des hippocastanacées. La famille des saxifragacées est également représentée dans l'arboretum par l'hydrangée, le groseillier et le gadelier, tout comme la famille des

△   Épinettes.

◁   Volière à papillons.

rosacées, représentée par le prunier, le cerisier, le pommetier, l'aubépine, le sorbier, l'amélanchier, ainsi que les rosiers et spirées.

En tout, ce sont 14 familles d'arbres et de fleurs qui sont représentées ici et là dans l'arboretum du domaine de Maizerets, qui concrétise à sa manière le vœu des Messieurs du Séminaire, qui souhaitaient que Maizerets demeure un endroit voué aux sciences de la nature, et celui de la Ville de Québec, qui désirait en faire un jardin horticole et arboricole exceptionnel.

▷ *Monarques.*

▽ *Gaillardes.*

◁ *Papillon du laurier-bezoin (Papilio troilus).*

Conclusion

Quand il tombe, l'arbre fait deux trous.
Celui dans le ciel est le plus grand.

FÉLIX LECLERC, *Le calepin d'un flâneur*

Que réserve l'avenir au domaine de Maizerets ? Si l'Histoire est une longue marche vers le destin, celui du domaine semble être de rester debout, après avoir survécu à près de trois cents années ponctuées autant par les tumultes qui ont marqué l'histoire de la ville de Québec que par de grandes périodes d'accalmie.

Il est facile, aujourd'hui, de se laisser aller à espérer que les grands arbres centenaires du domaine survivront encore à plusieurs générations et que continueront de retentir les cris de joie des enfants qui viennent y courir autour de l'île Saint-Hyacinthe. Il est facile d'espérer toujours entendre les craquements des brindilles sous les pas des promeneurs venus fuir, à Maizerets, l'espace d'un instant, le rythme effréné de la vie au XXIe siècle.

Cette longue tradition repose désormais entre les mains de la Société du domaine Maizerets, de la Ville de Québec et, depuis peu, de la Commission de la capitale nationale du Québec. Ils sont respectivement animateurs, gestionnaires et propriétaires de ce site enchanteur où l'Histoire s'unit à la modernité lorsque résonnent les cris du colvert ou que le parfum des pivoines embaume l'air.

Si l'on ignore ce que réserve l'avenir, il est réconfortant de savoir que ces animateurs, agronomes, arboriculteurs ou horticulteurs travaillent avec passion à ce que les grands saules fragiles du domaine de Maizerets demeurent toujours debout.

▷ Sculpture « Lit de rivière »

▷ Pages suivantes : L'île Saint-Hyacinthe et l'étang.

3

ANNEXES

Bibliographie sélective

Foi et culture feray valoir : le Petit Séminaire de Québec, Québec, Les Éditions Cap-aux-Diamants, (hors-série), 1993, 70 p.

BAILLARGEON, Noël, *Le Séminaire de Québec sous l'épiscopat de Mgr de Laval*, Sainte-Foy, Presses de l'Université Laval, 1972, 308 p.

BAILLARGEON, Noël, *Le Séminaire de Québec de 1800 à 1850*, Sainte-Foy, Presses de l'Université Laval, 1994, 410 p.

GARNEAU, François-Xavier, *Histoire du Canada depuis sa découverte jusqu'à nos jours*, Montréal, Beauchemin & Valois, 1883, 257 p.

LACOURSIÈRE, Jacques, Jean PROVENCHER et Denis VAUGEOIS, *Canada – Québec, 1534-2000*, Sillery, Septentrion, 2000, 591 p.

LE MOINE, James MacPherson, Sir, *Picturesque Quebec : A Sequel to Quebec Past and Present*, Montréal, Dawson, 1882, 559 p.

LE MOINE, James MacPherson, Sir, *Historical Notes on Quebec and its Environs*, Québec, [s. éd.], 1890, 152 p.

MARTIN, Paul-Louis, et Pierre MORISSET, *Promenades dans les jardins anciens du Québec*, Montréal, Boréal, 1996, 177 p.

NOPPEN, Luc, Guy GIGUÈRE et Jean RICHARD, *La maison Maizerets, le château Bellevue : deux exemples de la diffusion de l'architecture du Séminaire de Québec aux XVIIIᵉ et XIXᵉ siècles*, Québec, ministère des Affaires culturelles, 1978, 122 p.

TESSIER, Yves, *L'affrontement Québec-États-Unis, ou La guerre oubliée : guide touristique et historique*, Québec, Société historique de Québec, 1998, 127 p.

VACHON, André, « Séminaire de Québec et Séminaire des Missions étrangères de Paris », *Les Cahiers des Dix*, Québec, nᵒ 44, 1989, p. [9]-19.

Crédits photographiques

▷ *Maronnier d'Inde.*

Jardins membres de l'AJQ

1 Domaine Mackenzie-King (Parc de la Gatineau)

Situé au nord de Gatineau (Hull), ce domaine de 231 ha a été pendant près de 50 ans la résidence d'été de William Lyon Mackenzie King, dixième premier ministre du Canada. Les sentiers boisés, les chalets restaurés, les jardins romantiques, la pittoresque collection de ruines et l'élégant salon de thé Moorside vous enchanteront.

72, chemin Barnes Chelsea / Gatineau

(819) 827-2020 / Sans frais : 1 800 465-1867
www.capitaleducanada.gc.ca/gatineau
Ouvert de la mi-mai à la mi-octobre
Entrée avec tarification

2 Centre de la nature

À Laval, capitale horticole du Québec, le Centre de la nature constitue un magnifique exemple de carrière réhabilitée. Ce parc urbain, qui couvre 50 ha, possède une belle collection d'arbustes ornementaux, de plantes indigènes, d'annuelles et de vivaces.

901, avenue du Parc / Laval

(450) 662-4942
m.latour@ville.laval.qc.ca
Ouvert toute l'année
Entrée libre

3 Jardin botanique de Montréal

En plein cœur de Montréal, le Jardin botanique couvre plus de 75 ha. Il compte dix serres d'exposition et une trentaine de jardins thématiques extérieurs. Ses collections proviennent de tous les coins du globe. Parmi ses principales attractions : le tout nouveau jardin des Premières-Nations, la roseraie (10 000 rosiers), le jardin de Chine, le jardin japonais, l'arboretum (40 ha) et sa maison de l'arbre, ainsi que l'Insectarium. Visites guidées, expositions, ateliers horticoles, démonstrations pour tous les publics.

4101, rue Sherbrooke Est / Montréal

(514) 872-1400
www.ville.montreal.qc.ca/jardin
Ouvert toute l'année
Entrée avec tarification

◁ *Hippophae rhamnoides en fruits.*

4 Jardin du Gouverneur

Ce site exceptionnel, en plein cœur du quartier historique de Montréal, abrite un des rares exemples de jardin urbain du XVIe-XVIIe siècle. On y retrouve un espace potager, des arbres fruitiers, des plantes aromatiques, médicinales et d'agrément. Le Jardin du Gouverneur forme une ceinture autour du Musée du Château Ramezay, une résidence datant du régime français. Café-terrasse et animation historique.

Musée du Château Ramezay
280, rue Notre-Dame Est / Montréal

(514) 861-3708
www.chateauramezay.qc.ca
Ouvert toute l'année
Entrée libre au jardin

5 Parc Jean-Drapeau

Au milieu du Saint-Laurent, près du centre-ville de Montréal, le parc Jean-Drapeau est reconnu pour la splendeur de son site et pour ses événements internationaux. Il comprend les jardins de l'île Notre-Dame, façonnés lors des Floralies internationales de 1980, les boisés et les bâtiments patrimoniaux de l'île Sainte-Hélène. Parmi ses principales attractions : une collection de plantes grasses et succulentes, la maison québécoise et son jardin fleuri, une collection d'art public et de nombreuses fontaines.

1, Circuit Gilles-Villeneuve / Montréal

(514) 872-6120
www.parcjeandrapeau.com
Ouvert toute l'année
Entrée libre

Pierre Guzzo

6 Maison Saint-Gabriel

Un jardin à la façon du XVIIe siècle, qui présente un potager et ses plantes odorantes, aromatiques et médicinales. Des visites guidées sont offertes et des conférences reliées à l'histoire des jardins ont lieu tous les dimanches de la saison estivale.

2146, place Dublin / Montréal

(514) 935-8136
www.maisonsaint-gabriel.qc.ca
Ouvert de juin à la mi-octobre
Entrée avec tarification

7 Jardin Daniel A. Séguin

Ouvert au public depuis cinq ans, cet ensemble de jardins à vocation didactique, rattaché à l'Institut de technologie agro-alimentaire, regroupe sur 4,5 ha plusieurs sections thématiques : jardin français, jardins japonais et zen, jardin d'eau, jardin québécois d'antan. Collection de 350 variétés d'annuelles, mosaïcultures en trois dimensions et potager écologique. Visite guidée incluse dans le prix d'entrée.

3215, rue Sicotte / Saint-Hyacinthe

(450) 778-6504 poste 215 / En saison : (450) 778-0372
www.ita.qc.ca/jardindas
Ouvert de juin à septembre
Entrée avec tarification

8 Parc Marie-Victorin

Serti dans la campagne des Bois-Francs, le parc Marie-Victorin (12 ha) fut inauguré en 1985 pour commémorer le centenaire et l'œuvre du Frère Marie-Victorin (1885-1944) natif de Kingsey Falls. La visite de ses cinq magnifiques jardins vous permettra d'admirer notamment de superbes mosaïques en trois dimensions et de profiter totalement de la nature. Sur les berges de la rivière Nicolet, un belvédère est spécialement aménagé pour la détente et l'observation.

385, rue Marie-Victorin / Kingsey Falls

(819) 363-2528 / Sans frais : 1 888 753-7272
www.ivic.qc.ca/mv
Ouvert de mai à octobre
Entrée avec tarification

9 Domaine Joly-De Lotbinière

Immense parc-jardin romantique aménagé au milieu du XIXᵉ siècle, le domaine Joly-De Lotbinière est reconnu comme l'un des plus beaux jardins du Québec. Oasis de paix et de beauté, le domaine vous propose une rencontre avec l'histoire et la nature, une balade sous les arbres centenaires, des jardins aux mille couleurs et parfums, une marche en forêt, une aventure au fleuve, et plus encore.

Route de Pointe Platon / Sainte-Croix

(418) 926-2462
www.domainejoly.com
Ouvert du début mai à la mi-octobre
Entrée avec tarification

10 Parc Aquarium du Québec

Du boréal à l'arctique, vous vivrez une expérience inoubliable. Découvrez le monde fascinant des plantes indigènes du Québec aménagées sous forme de marais, d'étangs, de chutes, de cascades, de rocailles et de toundra. Venez admirer notre collection de mammifères, poissons, invertébrés, amphibiens et reptiles.

1675, avenue des Hôtels / Sainte-Foy

1 866 659-5264
www.parcaquarium.ca
Ouvert toute l'année
Entrée avec tarification

11 Jardin Roger-Van den Hende

Ce jardin didactique de 6 ha, rattaché à l'Université Laval, possède 2000 espèces et cultivars qui ont la particularité, unique en Amérique du Nord, d'être regroupés par familles botaniques. Il comprend un jardin d'eau, une collection de plantes herbacées et de rhododendrons, un arboretum et une roseraie. Visites commentées pour groupes seulement.

Université Laval, Pavillon de l'Envirotron
2480, boul. Hochelaga / Sainte-Foy

(418) 656-3410
www.crh.ulaval.ca/jardin
Ouvert de la fin avril à la fin septembre
Entrée libre

Villa Bagatelle

12 Villa Bagatelle

Cette splendide villa inspirée de l'architecture rurale du XIXᵉ siècle témoigne de l'influence des cottages américains. Dans son jardin à l'anglaise, sous le couvert de grands arbres où coule un ruisseau paisible, on peut admirer des plantes rares et un choix de végétaux de sous-bois qui met en valeur le potentiel horticole de nos plantes indigènes. Cet ensemble saura plonger le visiteur dans l'univers du mouvement pittoresque.

1563, chemin Saint-Louis / Sillery

(418) 681-3010
www.quebecweb.com/cataraqui/fondation.html
Ouvert toute l'année
Entrée libre

13 Maison Henry-Stuart

Jacques Allard

Inspiré du naturalisme anglais, un charmant jardin comprenant une roseraie entoure ce petit cottage construit en 1849. Le jardin et la maison sont classés monuments historiques. Les intérieurs sont authentiques des années 1920. Visite guidée agrémentée du service du thé.

82, Grande-Allée Ouest / Québec

(418) 647-4347 / Sans frais : 1 800 494-4347
www.cmsq.qc.ca
Ouvert toute l'année
Entrée avec tarification

14 Parc du Bois-de-Coulonge

CCNQ Maryse Pineau

Avec son site, la beauté et la diversité de ses arbres, son patrimoine et ses aménagements, le parc du Bois-de-Coulonge se classe au palmarès des plus beaux jardins du Québec. Son entretien, réalisé par des horticulteurs chevronnés selon des critères élevés, en fait un site exemplaire qui reprend ses lettres de noblesse et redevient un haut lieu de l'horticulture au Québec, comme il l'était au milieu du XIXᵉ siècle, dans la tradition des jardins paysagers anglais.

1215, chemin Saint-Louis / Sillery

(418) 528-0773 / Sans frais : 1 800 442-0773
commission@capitale.gouv.qc.ca
Ouvert toute l'année
Entrée libre

15 Parc des Champs-de-Bataille

Ce vaste parc (108 ha) occupe le site de l'affrontement, en 1759, des armées française et anglaise, l'un des événements militaires les plus marquants de l'histoire de l'Amérique. Outre ses milliers d'arbres, il compte de nombreuses mosaïques et un joli jardin floral (vivaces), le jardin Jeanne-d'Arc, qui allie les styles français et anglais. Centre d'interprétation, nombreuses animations. Dans le parc, qui jouxte la Citadelle, se trouve le Musée du Québec.

835, avenue Wilfrid-Laurier / Québec

(418) 648-4071
www.ccbn-nbc.qc.ca
Ouvert toute l'année
Entrée libre pour le parc et le jardin

16 **Domaine de Maizerets**

Propriété du Séminaire de Québec de 1705 à 1979, ce parc urbain largement boisé couvre aujourd'hui une superficie de 27 ha et comprend, en plus du manoir (classé monument historique), un arboretum, un marécage entouré de plantes aquatiques et divers jardins. Animations artistiques et culturelles.

2000, boulevard Montmorency / Québec

(418) 641-6335 / (418) 660-6295
Ouvert toute l'année
Entrée libre

17 **Jardin zoologique du Québec**

Parcourez les différents jardins thématiques comme celui de l'étang, des annuelles, des graminées et même de l'Afrique ! Entrez dans notre immense serre tropicale et découvrez les splendeurs de l'Indonésie et de l'Australie. De plus, découvrez les beautés de notre collection animale.

9300, rue de la Faune / Charlesbourg

1 888 622-0312
www.jardinzoologique.ca

Ouvert tous les jours
Entrée avec tarification

18 **Grands Jardins de Normandin**

Tout récemment créés, ces jardins proposent sur 55 ha un panorama de l'art des jardins à travers les siècles : jardins français et anglais, jardin des herbes, potager décoratif, tapis d'Orient. On y compte pas moins de 65 000 plants de fleurs annuelles. Sentiers boisés.

1515, avenue du Rocher / Normandin

(418) 274-1993 / Sans frais : 1 800 920-1993
www.lesgrandsjardinsdenormandin.com
Ouvert de la fin juin à la mi-septembre
Entrée avec tarification

19 **Jardin Scullion**

Récipiendaire des « Grands Prix du tourisme québécois », le jardin Scullion offre un concept familial, horticole et architectural unique. Des plantes provenant des quatre coins du monde, bien adaptées à nos conditions climatiques, avec mini-ferme et élevage d'oiseaux migrateurs. Jardin exceptionnel !

1985, rang 7 Ouest / L'Ascension-de-Notre-Seigneur

(418) 347-3377
Ouvert de juin à octobre
Entrée avec tarification

Seigneurie des Aulnaies

Daniel Fortin

Un magnifique manoir de style victorien (1853), un moulin (1842) et un jardin ornemental sont les joyaux de ce domaine qui font revivre la vie seigneuriale au XIXᵉ siècle dernier. Un jardin de fleurs (vivaces) d'inspiration française, des plates-bandes, un jardin utilitaire, une pinède, une roseraie, des plantations d'arbres et d'essences fruitières ainsi que des sentiers pédestres. Café-terrasse, guides en costumes d'époque, visites guidées et nouvelle exposition historique multimédia.

525, rue de la Seigneurie / Saint-Roch-des-Aulnaies

(418) 354-2800 / Sans frais : 1 877 354-2800
www.laseigneuriedesaulnaies.qc.ca
Ouvert de la mi-juin à la mi-octobre
Entrée avec tarification

Roseraie du Témiscouata

Jouxtant le fort Ingall (1839), construit sur les rives du lac Témiscouata, cette roseraie met en valeur 1200 rosiers arbustifs, grimpants, couvre-sols et buissonnants, issus de 250 variétés et espèces botaniques pour la plupart rustiques. Jardin d'accueil, jardin classique (labyrinthe), jardin anglais, jardin didactique.

81, rue de Caldwell / Cabano

(418) 854-2375
www.roseraie.qc.ca
Ouvert de la fin juin à la fin septembre
Entrée avec tarification

Jardins de Métis

Ces jardins d'une beauté exceptionnelle se nichent au confluent de la rivière Mitis et du fleuve Saint-Laurent. Ce paradis végétal égrène les splendeurs de quelque 3000 espèces et variétés de plantes indigènes et exotiques sur plus d'un kilomètre de littoral. Un ruisseau aux abords luxuriants conduit le visiteur à différents jardins. Les Jardins de Métis sont aussi un lieu ouvert à la création contemporaine avec la présentation du Festival international de jardins, forum unique d'innovation dans le domaine du design de jardin.

200, Route 132 / Grand-Métis

(418) 775-2221
www.jardinsmetis.com
Ouvert de juin à octobre
Entrée avec tarification